海上の森奇譚　3

聖徳太子と尾張・日本の知られざる姿

まえがき

前作『海上の森奇譚』『海上の森奇譚2』でもお伝えしてきましたように、私は、神界から「正しい歴史が隠されてきたこと」「これ以上政治不信が続けば、世界的な規模の大異変を起こす」という内容のメッセージをたくさん受け取ってきています。

二〇一一年の大震災をはじめ各地の火山の噴火など自然の変動の動きが活発になってきていますし、社会ではおかしな事件が相次ぎ、政治の混迷の度合いもさらに増しております。今や自然も社会や政治もすべて、日本全体が大きな変革の時期に差し掛かっていることが、ようやく誰の目にも明らかになりつつあるように感じます。

本書では、特に「隠されてきた歴史」について、お伝えしたいと思います。

それも、皆さんが学校で学ばれ、「常識」として身に付けられている「歴史」の知識からすると、非常に違ったものに感じられることと思います。

前作までお読みいただいた方もびっくりされるような、これまで語られることのなかった内容もたくさんあります。

どうぞお読みになった皆様が真実に目覚められ、正しい道を歩まれ、ひいては日本全体、地球・世界全体の危機が回避されて、幸せな未来が開かれることを願ってやみません。

山田みち江

目次

第二章　知られざる聖徳太子の真実　31

第一章　この国の真の姿は隠されたまま

隠されてきた歴史について

前著の二冊でも、隠された歴史について触れてまいりましたが、本書ではまた少し違う角度からお伝えしたく思います。

皆様がご存じの「常識的な歴史」とはあまりにも違うため、最初は戸惑われるかもしれませんが、これまで複数の霊能師などの方を通じて数多くの神々から伝えられたメッセージの内容や、私の手許にある資料などを総合すると、どうしてもこうなってしまうので、これを真実と言わざるを得ないと考えております。

まず本章では、日本が日本列島がまだ出来ておらず、島々の集まりでしかなかった頃から国がまとまっていく経緯のこと――おそらくほとんどの方が本当のことはご存じないと思いますが――についてお伝えしたいと思います。

そしてその後の章では、皆様がご存じでない「聖徳太子の真の姿」を中心に、知られざる歴史を読み解いてまいります。

神々や霊からのメッセージとして受け取ってきた内容から、かねてより心配してきたとおりに、自然が異変を起こしはじめ、社会もよりおかしくなってきました。いよいよ広く皆様にお伝えしていかねばならない時期になってきたことを痛感しております。

日本が今の形になる以前のこと

二千年前、日本は倭《わ》の国と呼ばれていました。

当時、日本列島はまだ無く、島々の国々が多くありました。土地の奪い合いの争いが頻繁に起き、戦乱の時代でした。

そんな中、中国、朝鮮、その他の国の人びとが、ある者は「黄金の国」と称された倭の国つまり日本を目指し、ある者は仏教の教えを得るために「神の地・天竺《てんじく》」と呼ばれた場所を目指してやってきました。

この時代、大陸や半島から日本への移動は、船による水行が交通手段でした。朝鮮半島に近い日本の島々は今より大きく、朝鮮半島側からは日本がより身近に見えておりましたので、多くの人々がこの日本を訪れていました。

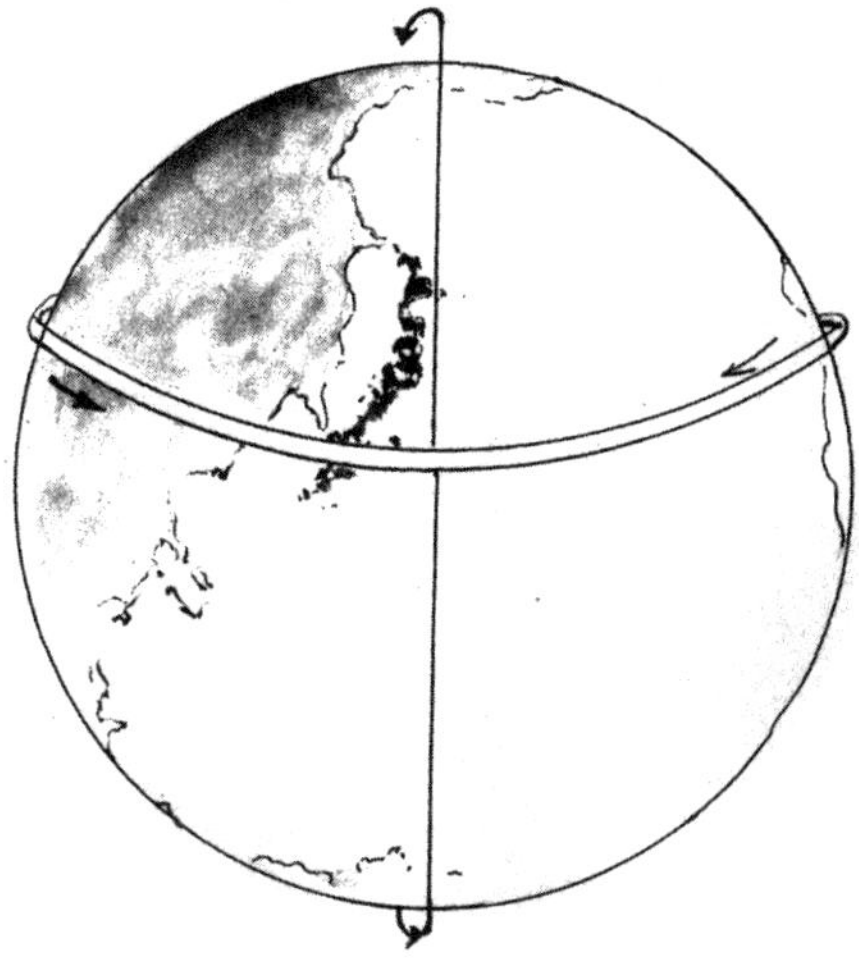

「黄金の国」「神の地・天竺」と呼ばれた日本を目指して、
世界中からこの日本を目指してやって来た。

その渡来してきた人の中に、一人の美女が現れます。

彼女は、神より力をいただいて神の言霊《ことだま》を語る、いうなれば預言者でした。名を、卑彌呼《ひみこ》といいました。実はこの卑彌呼という名は、預言者の最高位の名前で、代々受け継がれているものでしたが、この女性が初代卑彌呼であり、瀬戸こそが古代には邪馬台国だったと言えます。


卑彌呼は、神の地「天竺」を目指して渡来しました。

その「天竺」とは、今ではインドのことを指すと思われていますが、実は、本来はこの海上《かいしょ》のことだったのです。

ここ海上《かいしょ》は、物見山《ものみやま》が天上界を表していて、「神＝十」の山、これを塔山《とうやま》と申して尾張の中心地でした。ちなみにこの塔山は、猿投山《さなげやま》と対になっています。


それにしても、なぜ日本人は、天竺がインドどころか日本にあったことを知らされていないのでしょうか。国が政治的に意図的に歴史を隠さねばならない都合があったのではないかと不信感を覚えます。

かつて日本列島は大部分が海の底で、交通の主流は船による水行であり、朝鮮半島とも行き来があった。

倭政権　尾張国造・敏達天皇

かつて中央政権として、各島々と戦い多くの島を手中に収め支配していたのが尾張国造でした。

この時代の尾張は、現在でいう愛知県、岐阜県、三重県に当たる範囲でした。

その最高位にあった武将が、敏達《びだつ》天皇国王です。

敏達天皇は第三十代天皇として今は知られていますが、その名はあくまでも後世に付けられた称号であり、生前の本当の名は、山田長右衛門であり、縣の酋長であり、国人王《くにびとおう》でした。そして敏達天皇は景行天皇とも同一人物でした。

敏達天皇・尾張国造・景行天皇は、尾張からさらに東に向かい、相模国造となってすべての領土を築き、日本武尊・倭建天皇に即位します。

敏達天皇。尾張国造、縣の酋長として中央政権を支配していた。
生前の名は山田長右衛門。実は景行天皇とも同一人物である。

卑彌呼・山田橘太郎女

渡来してきた巫女の卑彌呼は、結婚により山田橘太郎女《たちばなのいらつめ》となります。そして卑彌呼は実は神功皇后とも同一人物です。さらには、天照大神でもあります。

敏達天皇国王と女王卑彌呼は結ばれて、二人の間に子供が誕生しました。

その子はイエス・キリストの力を持ち、後に聖徳太子と呼ばれるようになります。

二人の又の呼び名は尾張国造、尾張女王であり、二人の子は尾張皇子です。このように尾張にすべての謎が隠されていると言えるのです。

橘姫（山田橘太郎女）。
実は女王卑彌呼であり、神功皇后とも同一人物。

天皇制の仕掛け

同一人物名がいくつも出てきて不思議に思われていることと思います。

この時代、一人の人物が多くの天皇の名で残っていて、私も不思議に思っています。たとえば一つ一つの国ごとのいきさつがあり、それが後に統合されていく過程で一緒になっていったという可能性もあると思われます。

わかってきたのは、天皇制度には仕掛けがあり、

初代～第十代までは神々による天皇で、

十一代目がまた第一代目となり、

十二代目が即位すると二十代目、二十一代目、二十二代目……となり、十三代目が即位する時は三十一代目、三十二代目……となり、十四代目も即位すると同様に四十一

代……となり、

というように、歴代の天皇には、実在の人物と実在の人物をつなぐ隙間に、作られた実在しない架空の天皇の名が付け加えられて、多くの人物によって代々長く続いているように系図が書かれているのではないか、ということです。

そのため、同一の人物に、さも違う人物のごとく違う名が付け加えられている、ということが起きているのではないでしょうか。

これは間違った天皇制度ではないかと思っております。

水行が交通の主流だった時代

この時代の交通の主流は、水行つまり海の上を風を利用して移動することでした。水行で海を渡り、倭の国と中国大陸・朝鮮半島を行き来していました。

現在の瀬戸市・赤津に、かつては港があった、と言うと、驚かれるのではないでしょうか。何せ今の瀬戸は山が近くにあり海から遠くにあるのですから。

しかしかつては、外海から湾に入り、現在の瀬港線（国道３６３号線）のルートを通って遡上すると、赤津の港に着いたのです。そこは船の多く停泊する港町でした。

瀬戸の海の近くには、入尾城、瀬戸城、馬ヶ城、赤津城、菱野城、吉野の吉田城、屋戸の甲斐城、海上《かいしょ》の尾張城、またの名を塔山城、物見山城などが南に位置し、北には三国山が控えています。

瀬戸市には、わかっているだけでも二十四の大きな城がありました。その他にも数十の城があったらしいのです。

これほど多くの城が存在したということは、ここ瀬戸に強大な中央政権があったことを物語っていると言えます。それが後の清和源氏の元ともなったのです。

かつての伊勢湾の様子。右下に瀬戸が見える。
現在は陸地になっているところも船で行き来していた。

中島
多度
桑名
富田
長島
津島
日置島
沖ノ島
戸田
熱田
古渡
日置
浪越
御器所
八幡山
猪子石
山崎
星崎
鳴海
大高
岩崎
三本木
赤池

大噴火により地形が変化

かつては単独の島々の集まりであった日本ですが、ある時の大噴火により陸地が上昇し、海は川となり、周りに多くの平野が広がっていき、ついに現在の形の日本列島が誕生したのです。

伊勢湾の港があった瀬戸も陸地になり、海の底だった名古屋市内の辺りまでの島々が陸地になりました。

この時代、日本の地形が大きく変動しました。

時代が下って徳川幕府の頃、日本列島の地図が作成され、現在も残る公式な日本列島の姿が定まり、かつての島々の集まりであった姿は、隠されてしまったのです。

ところで二〇一一年三月十一日の大震災も恐ろしいものでしたが、日本列島の誕生では、それ以上のことが起きたと言ってよいと思います。私たちは、国全体でこの大震災から自然界の恐ろしさを思い知り、あり方を変えていかねばならないのではないでしょうか。

そうしなければ、これから日本列島が誕生した時と同様のことが起きようとしているのではないかと心配しています。

海上《かいじょう》が海上《かいしょ》と変化した頃のこと

約五百年前には、吉野の八剣宮、拾山城より物見山城まで、現在の海上《かいしょ》全体が城の跡地でした。この時代、この辺りは武田信玄公の密会地で、これに腹を立てた織田信長が焼き打ちして一面焼け野原となったのでした。

その後、富士山の大噴火が起き、地下に変動が起きて断層が鈴鹿山脈にぶつかり、今の海上《かいしょ》の辺りが持ち上がり山の上と変化して、現在見られるような地形になってきたのです。辺りの海は無くなって平野となり、尾張藩代官所も移転しました。そして、その前後までの歴史は、徳川幕府によって隠されてしまいます。正しい歴史は忘れられ、そして今や誰も知らない状態になっているのです。

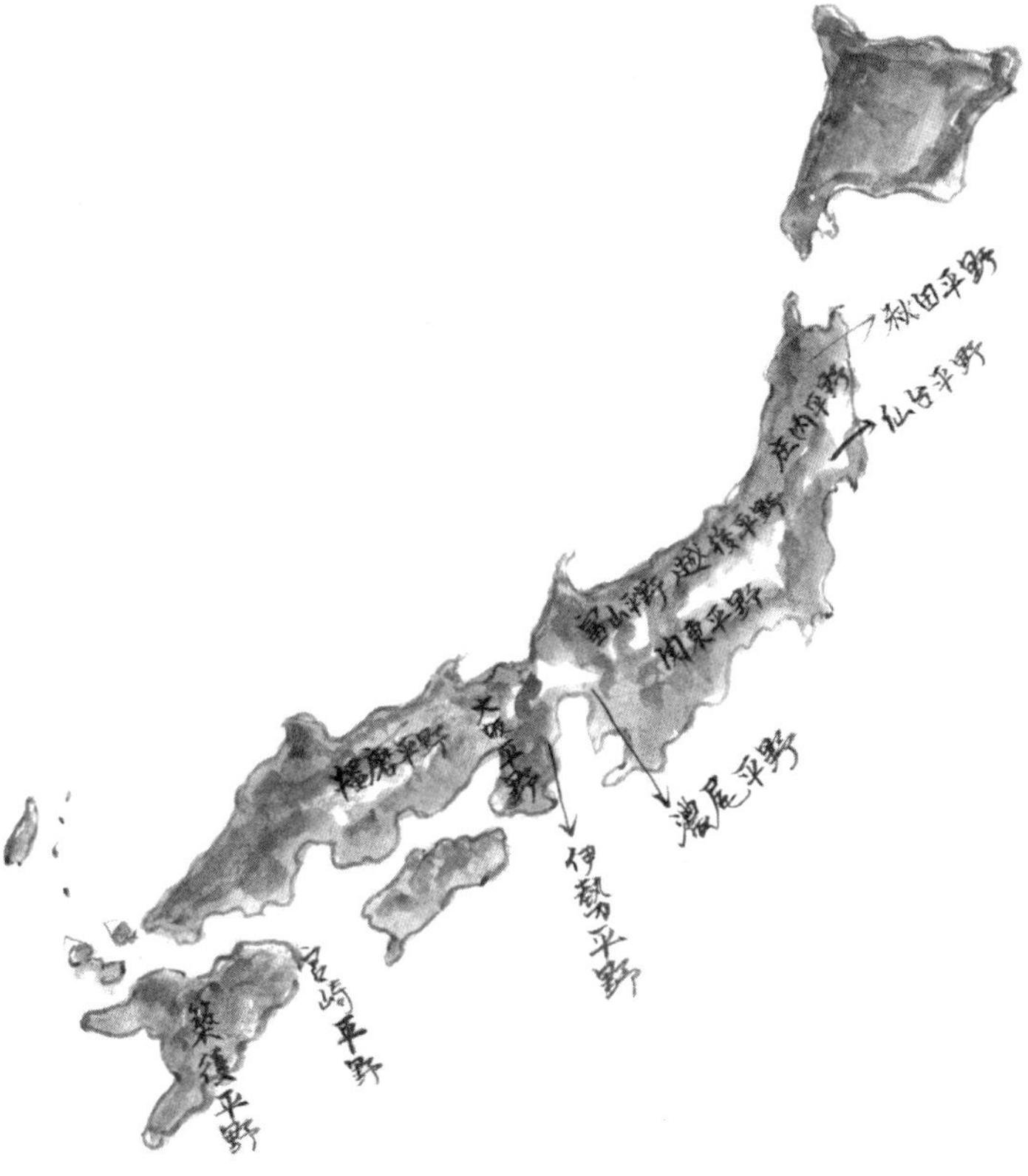

日本列島はかつては大部分が海の底であったが、
大噴火を機に陸地が上昇して平野が広がっていった。

第二章　知られざる聖徳太子の真実

聖徳太子の御霊との出会い

ここで、隠された歴史についてお伝えする前に、なぜ私が本を三冊も出して、不思議な歴史のことを世の中に発信せねばならないのか、その経緯からまずはご説明したいと思います。このあたりのことは前著でも書いていたことですが、とても重要なことですので、再度かいつまんで書かせていただきます。

今から三十年ほど前、日本を騒がせていた未解決事件「グリコ森永事件」がありました。政界、財界、北朝鮮、また地下組織との金の問題をうまく迷宮させた事件でした。なぜか私がこの事件の真相を調べることになり、一冊の本にまとめ、全国の警察本部に送りしてすぐ事件はストップ、私は生命の危険にさらされるようになり、それまで住んでいたところから転居せざるをえなくなりました。

転居は私にとっては一世一代の決断でしたので、方位学の先生に移転先の方位を見ていただくことになりました。

ところがその先生に「東の方位で二日以内に新しい土地を探し、三ヶ月以内に家を建てなければ、国の大きな問題が解決するどころか、あなたの命が消されます」と言われ、びっくりしてしまったのです。

しかたなく私はすぐ実行しました。当時住んでいた山口町から、先生に指示された方位の東の方位にあったのが海上《かいしょ》の森でしたので、その辺りで探すことになり、土地のことについて調べようと法務局に行ったところ、ちょうど年末の仕事納めの日で、法務局は午前中で業務を終了して正月休みに入ってしまいました。

目的の土地の所有者の方が実は遠い親戚であることが判って話がすぐまとまりましたが、海上の森は市街化調整区のため、買い上げた土地には家を建てられないとのことで、地主さんが建物を建てて私がお借りすることになりました。

突然の建築ということで愛知県の宅地課が赤紙を貼り付けに来ましたが、もし私が土地を購入して建てていたら違法建築であったかもしれませんが、あくまでも地主さんが建てて借りる形なので、結局そのまま工事を進めることができました。

一月三日の仕事始めからトラブル続きでした。まず、土地全体が竹藪なので切り出そうと、さっそく職人さんが切り始めたところ、チェーンソーで自分の足を切ってしまい、すぐ病院に入院することになりました。やむなく私が自分で切りますと申し出て、千本もある竹藪を一人ですべて切り出しました。半月ほどかかったのですが、不思議なことに私には何も害はありませんでした。

次に、基礎工事で竹の根を取り除く作業をしたブルドーザーの作業員のお腹に虫が湧き、入院してお腹を切る手術をすることに。そして、工事請負会社の社長がこの工事現場からの帰り道でダンプカーが追突して乗っていたベンツが大破。さらに電気工事屋さんが工事を終えて帰宅途中に行方不明、三日後に警察に捜索願いを出そうとした日に家に帰るが、自分がどこに行っていたか分からない……。

このような何かに祟られているのではないかとしか思えない不思議な出来事が次々と続きながらも、なんとか三ヶ月で家が完成、新居に入ることができました。

実はこの後、新聞で発表されましたが、瀬戸市海上町では新築・増改築は一切してはならないということになりました。これにより「三ヶ月以内に家を建てること」の意味が分かったのです。

こうして新しい家に転居することができましたが、今度は娘に不幸が起きたのです。「母さん、目が痛い」と突然言い出し、すぐお医者さんに行きましたが原因がわからず名古屋の大きな病院を紹介され入院しましたが、診断の結果「余命一ヶ月」と宣告されてしまったのです。それは膠原病で、しかもまだ日本で四人目という珍しい症例で不治の病とされておりました。眼球の裏側が溶けていて目が痛くてたまらず、水も喉を通らないという状態でした。

このことを名古屋にいる知人に相談すると、「山田さん、これは地縛霊があり墓の問題だ」と言われ、「地縛霊」と聞いて初めてその土地が墓所であったことが分かったのです。そしてすごい霊能師の先生を紹介してあげるから見ていただくようにと勧められました。

この先生は財界・政界の大物からの依頼も多くとても忙しい方でしたが、すぐに話が決まり、海上町の家に出迎えることになりました。

そして家に入る前、先生が玄関でいきなり土下座を始めて、びっくりしました。そして家の中に入ると、今度は先生に武田信玄公が乗り移って話しだし、終わると側室のあかね様が話しだし、さらに今度は神々が降りられて、次から次へと数えきれないほどの神々様がこの地に降りられたということがわかりました。

先生の口から語られる内容は、どれもびっくりすることばかりでしたが、最後に聖徳太子が現れ、語りだされたのです。

「長い間、そなたをお待ち申していた。日本の歴史が間違っているので、正しい歴史に直すよう、そなたに日本の歴史を与える」

という内容でした。

この時は、さすがに何が何やら訳がわからず混乱しておりましたが、この日に娘の目は治り、退院できたのです。

どうやら今までの災いは、私に重要なことを知らせるために起きたようです。私は力がありすぎて、霊が近づけないようなのです。


後に愛知万博の開催地となった海上の森ですが、実は、悪人たちの企みにより、ニュータウン建築や原発廃棄物処理センターの計画のために万博を持ち出していることは、昭和六十三年の段階で聞いていました。そして二〇〇五年の愛知万博から十年の歳月が過ぎましたが、いまだに歴史は隠され続けています。
聖徳太子から最近いただいたメッセージを掲げておきます。

「原発問題　皆よく見ておけ
原発で恩恵を受けても何も残らぬぞ
三月十一日　国民が目を覚まさねば
やがて来る自然界の恐ろしさを知るであろう
元の日本の国の地形に戻す」

このような最悪の事態にならないよう、私は皆様に真実をお伝えする使命を痛感し、こうして本に記している次第でございます。ぜひ真実に気付かれますように。

不思議な神の子

さて、ここからは、聖徳太子の真実をご紹介していきましょう。これまで一般的に思われてきた姿とはかなり違うので、最初は戸惑われるかもしれませんが、隠されてきた歴史をひもときますと、さまざまなことがわかってきます。

尾張国造として尾張一帯、すなわち当時の日本を治めていた、敏達天皇こと山田長右衛門と、当時「天竺」と呼ばれ世界中から人々が訪れていた日本に大陸から渡来してきた女王卑彌呼は結ばれ、後に聖徳太子と呼ばれる子が誕生しました。

その子は、キリストとお釈迦様の力を持ち、天と地を結ぶ神の子でした。そして幼い頃より、すでに世界各国の言葉を話すことができたといいます。

若くして活躍

幼い頃から能力を発揮した聖徳太子ですが、様々な分野で活躍していきます。現在流布している歴史では、聖徳太子は日本に入ってきたばかりの仏教を広めることに努めたと言われていますが、実はそれ以上の働きをしていたことは全く知られていません。そして、太子はなんと日蓮宗の法を説いていたのです。さらには聖書を日本語に変え、仏教伝を説いていたといいます。

そして、若くして仏教の位を得たのです。

稲作を振興した聖徳太子

聖徳太子は稲作にも力を入れていました。

山田の枝流となる三十三の国に稲作を与えて、それぞれの国に、国名に「田」を付けさせました。今地名や名字に「田」の字が入っているのは、その名残りも多いのです。

ちなみに、前述のように、この時代には、現在陸地になっている場所が、数多くの島として海に浮かんでいる状態でしたから、船による水上交通が発達し、すでに立派な船も使われていました。

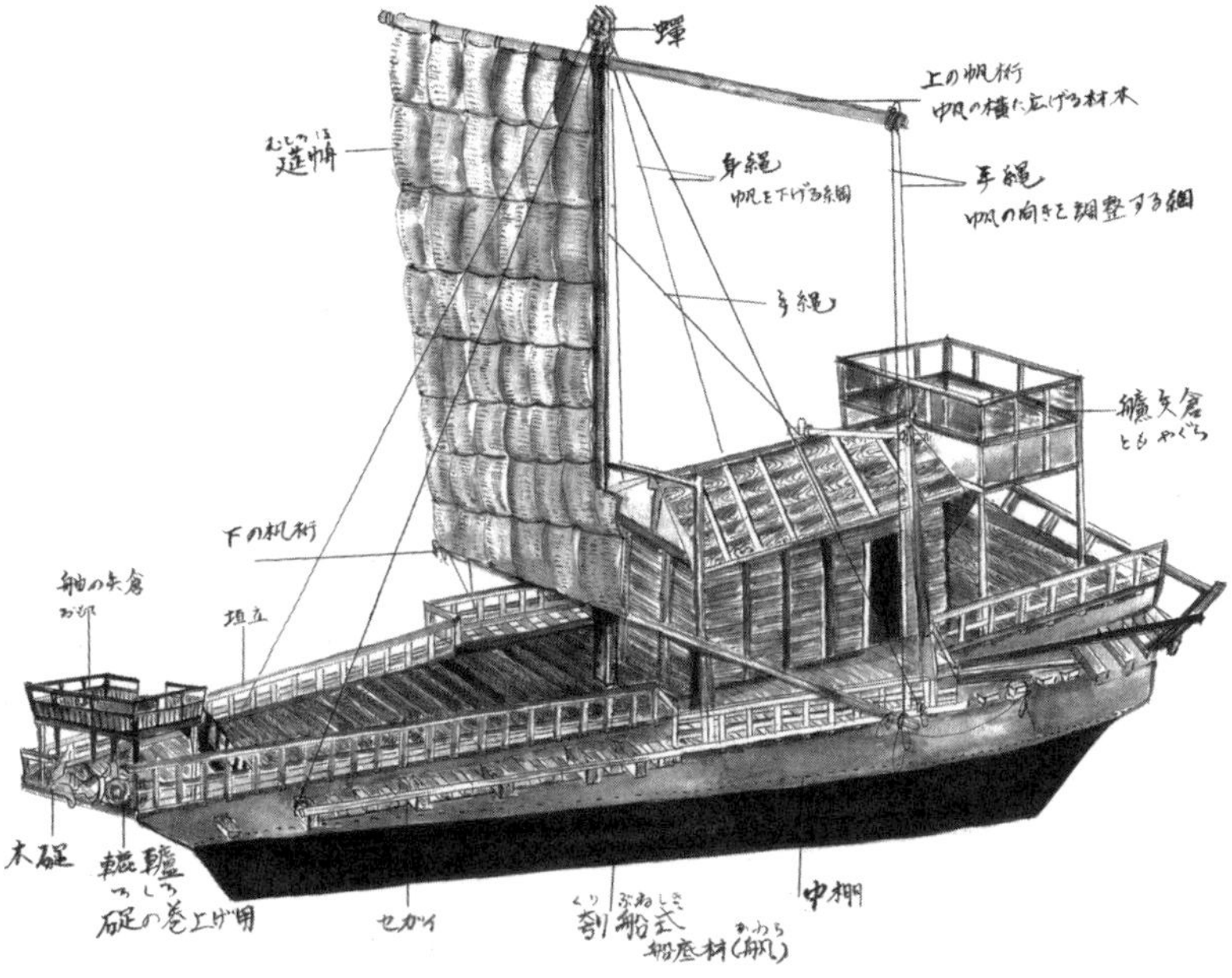

この時代には水上交通が発達し、立派な船も使われていた。

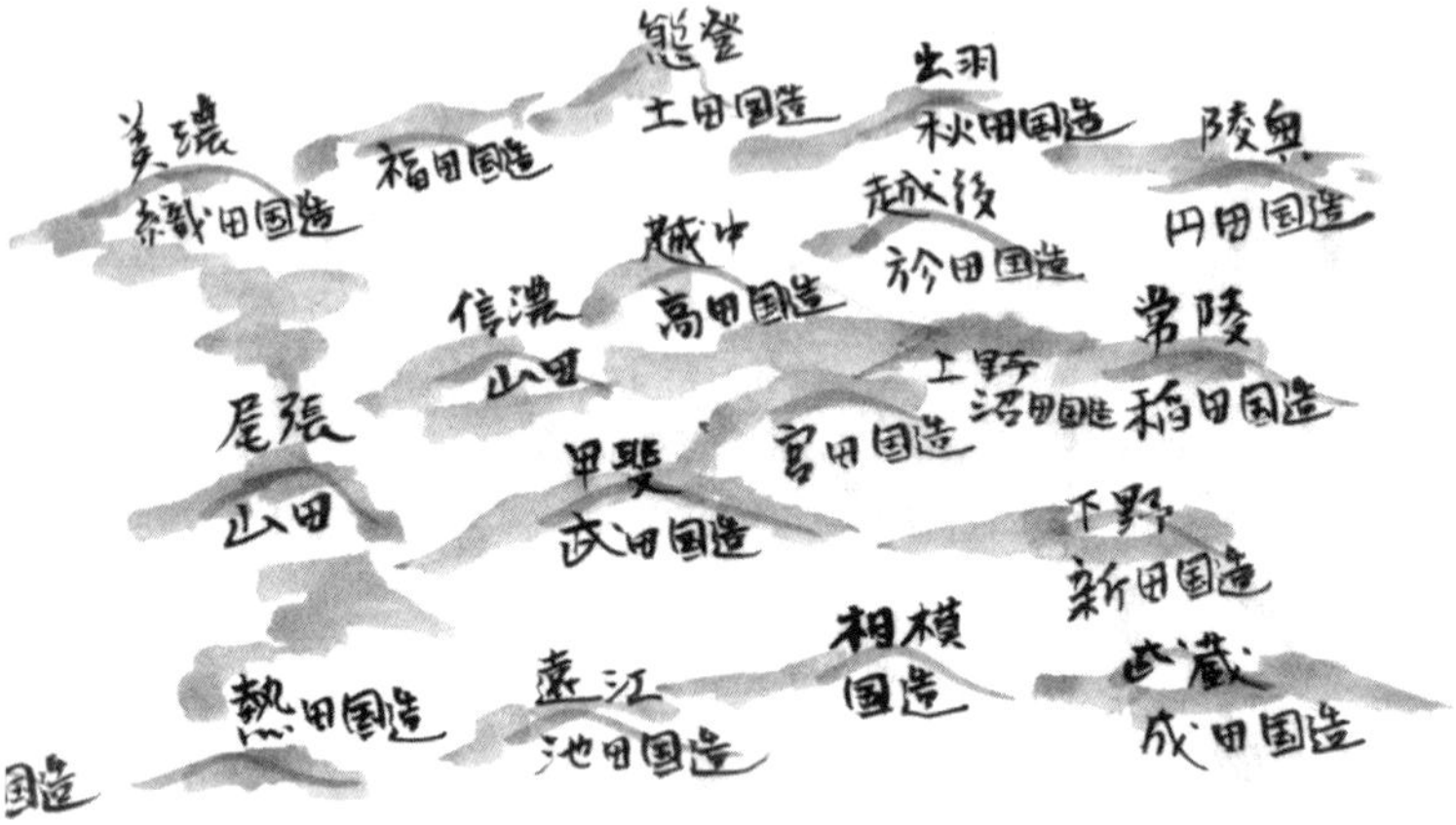

能登
土田国造
出羽
秋田国造
美濃
織田国造
稲田国造
陸奥
円田国造
越中
越後
信濃
高田国造
山田
常陸
上野
沼田国造
稲田国造
尾張
山田
甲斐
宮田国造
武田国造
下野
新田国造
相模
国造
武蔵
成田国造
遠江
池田国造
熱田国造
国造

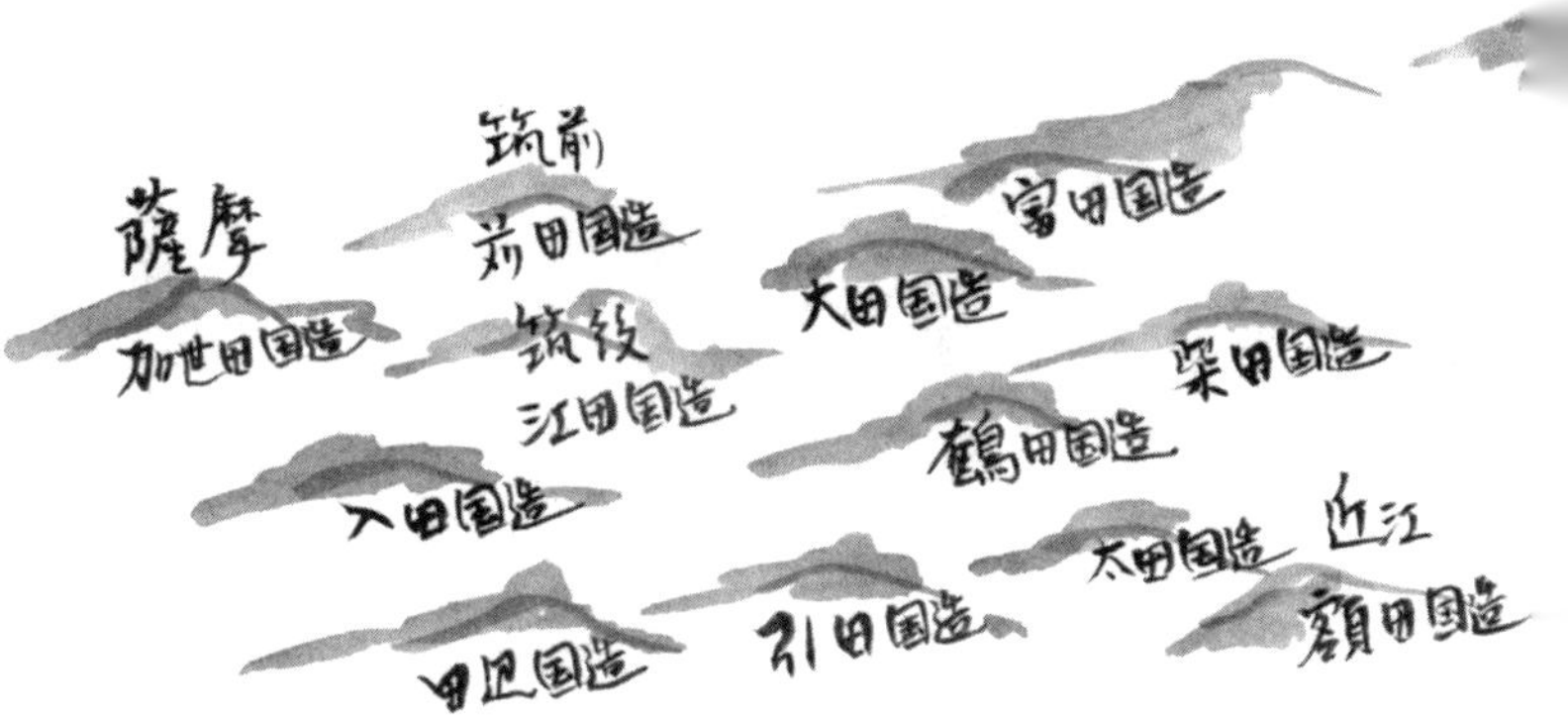

山田の枝流の家の名にはすべて「田」が用いられ、それぞれ稲作に励んだ。30以上の国々は船による水上交通を利用していた。

アトリエがお寺になり、そして神社を建てる

ところで、先ほども触れましたが、私が海上に移って来る時に様々な災いが起き、霊能師の先生に見ていただいたところ、たくさんの人物、神々が現れました。その時から、私の陶芸のアトリエ「陶《すえ》」は、御霊魂をお守りする「陶龍寺《とうりゅうじ》」となったのです。

そしてその後には「日之本之大国主之命《ひのもとのおおくにぬしのみこと》」という神様が出てこられ、陶龍寺の境内に神社を築いてお祀りすることになりました。

ひとことに神社を造ると言っても、何も知らない私にとっては、簡単なことではありませんでした。伊勢神宮の宮司長様にご協力をお願いするために、まず政治家の先生にお願いして取り持っていただいたのです。ようやく宮司長様と直接お話しさせていただいたところ、「神様はあなたの光によって出てこられましたので、その場所に神社を建て人々に知らせてください」と言われ、こうして「日の本の国大国主命神社」となったのです。

陶龍寺と日の本の国大国主命神社

国王・聖徳太子

さて、神社を造ってから、その神様に言われたのが「日本の歴史が間違っているので、正しい歴史に直すよう、そなたに日本の歴史を与える」ということでした。

実は、後でわかったことですが、この「日之本之大国主之命《ひのもとのおおくにぬしのみこと》」という神様が、聖徳太子その方だったのです。現在は、「天之御中之主命《あめのみなかのぬしのみこと》・日之本之大国主之命《ひのもとのおおくにぬしのみこと》」としてお祀りしております。

聖徳太子は、天之御中之主命《あめのみなかのぬしのみこと》、またの名を日之本之大国主之命《ひのもとのおおくにぬしのみこと》と称されますが、実は天智天皇でもありました。尾張でのお名前は上菱野村海上山田三郎・山田左右衛門だったのです。さらに日本国を建国し、国王となって日本左右衛門とも名乗りました。

このように並べて書くと、少しでも日本の歴史の知識をお持ちの方は「自分が知っている歴史とは違う、三人が同一人物だと言われても、それぞれの人物の生きた時代が違う」と不思議に思われることでしょう。確かに飛鳥白鳳時代の聖徳太子、大化の改新の天智天皇、鎌倉時代の山田三郎泰親には六百年ほどもの隔たりがあります。

しかし、私が霊能師の先生をはじめ色々な方から伺ったことや、私自身が体験したことを総合すると、どうしてもこのような繋がりが浮かび上がってくるのです。

そこで私は、そこには正しい歴史が隠されてきた大きなミステリーが潜んでいると考えているのです。

後に政治の中心は尾張から西の現在の京都に移りました。そして政治的圧力によって歴史が隠され、徳川幕府の頃には痕跡は完全に消されてしまいました。その過程で、古事記や日本書紀が編纂され、歴史解釈が統一されてゆき、現在一般的に信じられている歴史の形が出来上がっていきました。

しかし、今や、聖徳太子その人によって封印が取り除かれようとしているのです。

ちなみにご存じでしょうか。伊勢神宮のあの辺りは、現在は伊勢市となっていますが、以前（一九五五年に伊勢市に改称）は、宇治山田市でした。つまり、伊勢神宮も「山田」に強い繋がりがあるのです。

隋の煬帝を激怒させた国書

国王の聖徳太子は、隋に使いを送り、「日出る処の天子、書を日没する処の天子に致す」という有名な一文で始まる国書を持たせました。

これを読んだ隋の煬帝《ようだい》は、隋から見れば小国の倭が大国の隋と対等であるかのように書いていることに激怒しましたが、当時の隋は朝鮮半島の高句麗《こうくり》と対立していたため、倭と不仲になるのでは得策ではないと判断し、使者をそのまま帰らせたのです。

こうして倭と呼ばれてきた日本は、聖徳太子によって独立国家として立ち上がったのです。

とはいえ、もともと日本は神の地「天竺」と呼ばれてきたのです。そこにいる神の子である聖徳太子には、手も出なかった、というのが本当のところなのではないでしょうか。

倭国から日本国が誕生

「夏四月の丙寅《へいいん》の朔《ついたち》にして戊辰に、皇太子《ひつぎのみこ》、親《みずか》ら肇めて憲法十七条を作りたもう」と日本書紀にも書かれたように、聖徳太子は「和を以て貴しと為し」に始まる、この国最初の憲法を作りました。

父の敏達天皇こと山田長右衛門の時代までこの国は倭と呼ばれていましたが、聖徳太子こと山田左右衛門が日本左右衛門と名乗り、日本国として新たな国づくりを始めたのです。

この変化は、国の紋章の変化にも現れました。敏達天皇の時代にはカタバミ紋であったものが聖徳太子の時代に剣カタバミ紋となり、日本国となったところで、現在使われている日の丸になったのです。

敏達天皇・山田長右衛門の時代のカタバミ紋

聖徳太子・山田左右衛門の時代の剣カタバミ紋

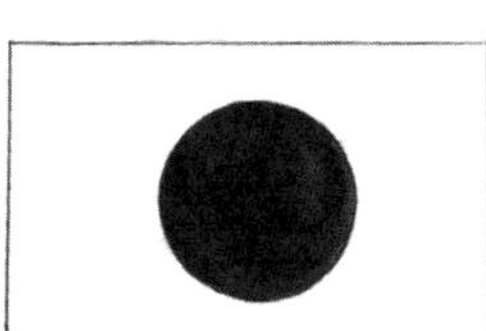

聖徳太子が日本国を建てた時から使われるようになった日の丸

法隆寺の五重塔に秘められた真実

聖徳太子が建立した法隆寺、そこにある五重塔は、皆さんご存じでしょう。

実は現在・過去・未来が計算された建物だったのです。特に、壁には未来のことが描かれていたというのです。

しかしそれは時の権力者により白壁に塗りつぶされてしまい、現在は残っていません。

それも仕方のないことだったのかもしれません。戦国時代に、その時代にあるはずのない、見たこともないもの（飛行機や自動車）が描かれていれば、誰でも不気味に思って消したかもしれません……。

法隆寺の真実についてのお答え

今年の四月十日、霊伝師の「あわの歌」代表・中山様に、突然のメッセージがあり、神様から海上の森の陶龍寺に行くようにと受けられて、あわの歌の会の皆様と一緒にお越しになりました。

私は、中山様を通じて、聖徳太子に、法隆寺の五重塔の壁に何が描かれていたかを伺いました。そして、霊伝により、次のお答えをいただいたのです。

おたづねなさりた　その事は
うたがいもなき　大きなる　この国の定めなり
これよりまいる　この地球の大きなる進みの中にありて
いかなるやを知らせたり

その時　大事は　人々のまことなり
そのまこと失えば
大きなる　とが　がおこるを知らせたり
皆々欲をふりかざし　たたかいいたす

「とが」とは「咎」、つまり「罰」のことと思われます。

私たちは現在の状況に謙虚に向き合い、改めるべきを改めていかねば、近いうちに大きな「咎」を受けることになるのではないでしょうか。

聖徳太子親子の事実

ここまで、同一人物名など現在信じられている歴史と大きく違うことをお伝えしたため混乱されているかもしれませんので、ここで聖徳太子の親子関係についてまとめつつ新しい事実をお知らせいたします。


まず、初代天皇は、山田橘太郎女《たちばなのいらつめ》、つまり渡来してきた卑彌呼であり、神功皇后です。

その夫が、山田二郎長右衛門こと敏達天皇、尾張国造、景行天皇です。

そしてその子が、山田三郎左右衛門こと尾張皇子《おわりのみこ》、聖徳太子で、後に日本国を建てて、日本左右衛門となり、実は天智天皇でもあります。

さらに、聖徳太子には山田四郎、竹田皇子こと天武天皇という兄弟がいました。

ちなみに、並べてみますと、

山田橘太郎女（卑彌呼、神功皇后）

二郎（長右衛門、敏達天皇、景行天皇）

三郎（左右衛門、聖徳太子、天智天皇）

四郎（竹田皇子、天武天皇）

というように「太郎〜四郎」とつながっていることがわかります。

三郎と四郎の二人は双子だったため、間違えやすかったそうです。

国が二つに分かれる悲劇

かつて強大な力で日本の国をまとめていた尾張国ですが、国人王こと敏達天皇の異母兄弟との確執が親族全体を巻き込む争いを巻き起こし、分裂することになります。

大量の人々が尾張を出て西に向かいました。これを天降《あも》りと呼びます。天降りにより、尾張京から都が西の現在の京都に移って平安京が生まれ、元の尾張京は京師《けいし》と呼ばれるようになったのです。

この悲劇が大化の改新の真相です。

尾張の国

聖徳太子の眠る物見山

海上の森を代表する物見山は、武田信玄公がこの場所に物見の部下を置いたことから呼ばれるようになったと言われていますが、その山頂にある聖徳太子のお墓があり、実はこの物見山そのものが、聖徳太子の古墳なのです。このことは全く知られていない、隠された事実なのです。

霊能師から伝えられたお告げにより、平成十年七月七日の七夕の日には、ここに「日之本之国大国主之命」と書いた幡を六百本掲げて煙花火を打ち上げてお祭りをいたしました。二百七十もの人が集まって実現できたことは、私一人の力ではとてもできないことで、何か大きな意志が働いてのことと思わずにはいられません。

物見山上にある聖徳太子の墓。
物見山そのものが、聖徳太子の古墳である。

放置されたままの国の神々の墓

海上の森、物見山が聖徳太子のお墓、古墳ということは前にお伝えしましたが、その近くの猿投《さなげ》山には、両親が眠っているのです。

物見山　聖徳太子　大国主命
猿投山　景行天皇　国人王
　　　　神功皇后　天照大神

この方々がこの古墳に眠っていることを知っている人がどれだけいるでしょうか。知られていないために、完全に放置されているのです。

尾張でもこの有り様ですから、全国規模で見たら、現在知られる歴史には出てこない形で眠っている方、国の神々が、いったいどれだけいるのでしょう。

もちろん、日本全国でいろいろな祭りは行われていますが、本来の意味が忘れ去られて、ただのイベントと化してしまっているものがほとんどのように感じられ、心が痛みます。

私たちが正しい歴史を知ることが、それを改めるきっかけになるのです。

第三章　陶龍寺の素敵な花たち

陶龍寺は、多くの無縁仏を供養させていただいております。長い間放置されたままだった千体近い仏様を、花達も一緒に供養してくれています。


このたび、寺を新たに立派に建てる計画があり、周りにはめずらしい「あじさい」の花をたくさん（55種類）植えたいと計画おります。

また、冬には雪とともに35種類以上のクリスマスローズが咲きみだれます。

その一部を絵でご紹介したいと思います。

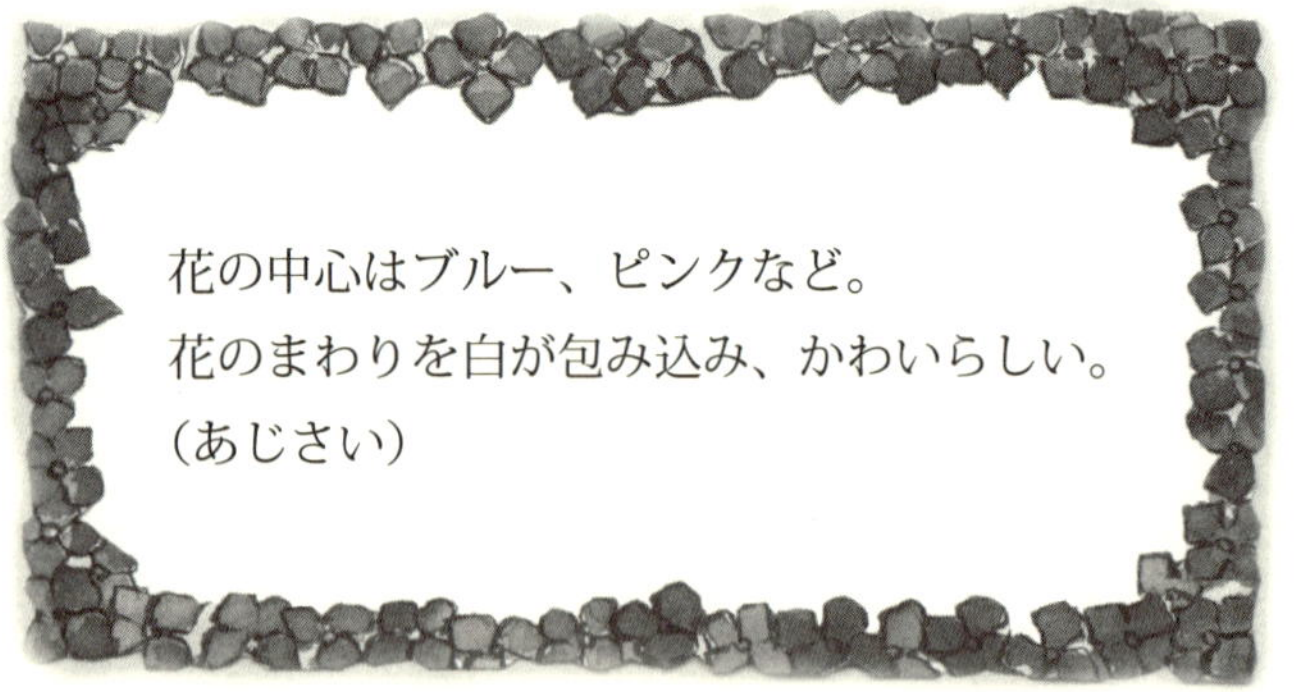

花の中心はブルー、ピンクなど。
花のまわりを白が包み込み、かわいらしい。
（あじさい）

黒いあじさい。花は大きく、めずらしい。
全体のピンクや紫に入ったラインが目立つ。
（あじさい）

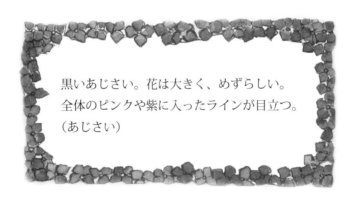

透き通ったブルー。
中心に濃い青が散らばり、中央全体が小花となり華麗な花。
（あじさい）

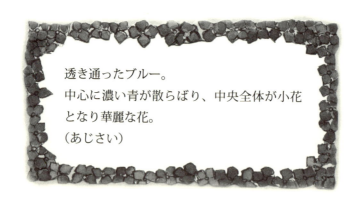

うぐいす色のしだれ花。
ピンポン玉くらいの小さな花。白、ピンク、
ブルー、紫など。
（あじさい）

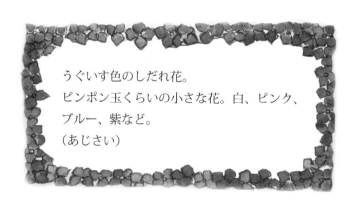

卵が割れ、うす紫の豪華なあじさい。
（あじさい）

花がグリーン、葉もグリーンと、グリーンづくめで豪華な姿。
（あじさい）

ピラミッドのごとく三角の小さな花が秋まで咲き乱れてすばらしい。
濃い赤で中心が白で祝い花。
(あじさい)

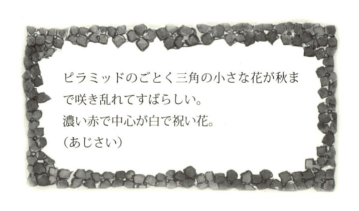

ポンポンダリアのかわいらしい花。
あじさい花は大きい。
（あじさい）

大きなぼかしピンク。
あじさいの女王と呼べる、豪華な花。
小さな花が赤と白のぼかしで愛らしい。
（あじさい）

ひまわりのごとく、多くの人が取り囲むダンスが楽しそう。
（あじさい）

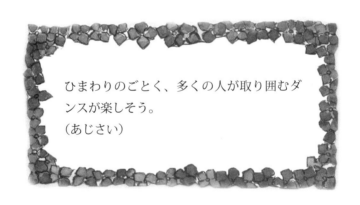

白い妖精・雪が舞うなか花が咲く幸せの花。
（クリスマスローズ）

幼い頃よりひたむきに、成長とともに伸び上がり、実をつける花。
（クリスマスローズ）

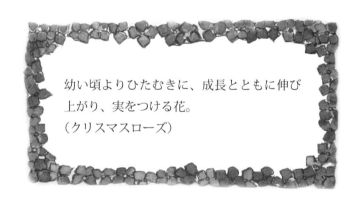

あとがき

本書のシリーズも三冊目となりましたが、一貫してお伝えしたいことは変わりません。隠されている歴史を知ることは、日本に住む者として当然必要なのではないでしょうか、ということです。

正しい歴史を認識しようとせず、現状を改めようとしないままでいると、いずれ、第二章の聖徳太子からの霊伝にあったような「咎」として、大きな異変が起こるのです。大きな異変の後に、「これまで誤っていたのだ」と気付くことは、これまでもありましたが、そんな大変なことが起こる前に、その誤りを認識して、改めたほうがいいではありませんか。

皆様が気付かれて、新しい認識が広がっていくことを祈りつづけております。

武田信玄公のお祭りにお越しいただいている霊能師の神人《かみひと》様の霊伝により、この本の内容を刊行して世に出すにあたり、神様から次のようなメッセージをいただきました。

この本はまこと事実である
神が涙する　そなたをかならず　幸せにいたす　かならず

と申されました。そして、これからの日本はこうなるぞ、と神人様のCDアルバムに入っている歌「真」（詞曲・神人）をいただいたのです。
この歌には、過去から未来のことが歌われています。ぜひこの聖徳太子大国主命からのプレゼントを皆様に知っていただきたく、歌詞の一部をご紹介させていただきます。

海が山に　山が海に変わる
歴史　上下《かみしも》ひっくり返る
真光り　闇は照らされゆく
悲し涙は　嬉し涙に

いかがでしょう。これは冒頭の一節ですが、これから元の地形になることが、歌の中で表されているように思われませんか?

陶龍寺では現在、かつて古戦場で亡くなられた戦死者全員と、無念にも暗殺された方々、武田信玄公や一族家臣の方々、そして陶龍寺の近くにある多宝寺というお寺の尼僧、豊の方をお祀りしております。

第二章にも書きました、あわの歌の中山様が陶龍寺に来られた時に、大国主命から次のようなメッセージをいただきました。

しっかりといさめ
人の進む道といたれば　大きなるまことなり
まことへかえす　このひびき
光りをうみて　みなみなのもとへとまいりゆき
それぞれの気付きを　うながしゆきて

うみゐだす　あたらしきを
この大きなる地にて
光りの柱　たてられませ

また、武田信玄公の御霊が神人様にかかり、武田信玄公がとても楽しそうに、宴や舞を参加の皆様の前で披露されたのです。

そして私に、

長い間ご苦労であった　礼を申す
これからはそなたの自由な時間にするように

と頭を深々と下げながら礼を申されたのです。

これまで武田信玄祭を毎年四月第二日曜日に執り行っておりましたが、このようないきさつで、武田信玄公のご指示をいただきましたので、日時が自由になりました。これにより、今後は陶龍寺は、心ある方がご自由に参られますよう、心待ちにいたしております。

現在、陶龍寺を立派な寺として建てる計画をいたしております。

実はこの計画は、聖徳太子の御霊から「ここに立派な寺を造るがよい」という認可をいただいてのことです。

ぜひお一人でも多くの方々のご支援・ご参加を賜りますよう、お願い申し上げます。

末筆となりましたが、参加していただきました、あわの歌の会の皆様にはお世話になり、まことにありがとうございました。

●●陶龍寺のご案内●●

陶龍寺では多くの無縁仏を供養させていただいております。

武田信玄祭は毎年４月第２日曜日に執り行っておりましたが、武田信玄公の御霊からのご指示により、日時が自由になりましたので、心ある方々がご自由に参られますよう、心待ちにいたしております。

私の陶芸作品も展示してございます。是非お越しください。

お問い合わせ　〒 489-0855
愛知県瀬戸市海上町 507　陶龍寺
電話 0561-21-7097

［著者紹介］
山田みち江（やまだ　みちえ）

昭和 22 年　瀬戸市生まれ
昭和 55 年　陶芸家として独立
昭和 61 年　神界からのメッセージにより日本古代の歴史研究を始める
平成 6 年　陶芸個展を東京三越にて開く
平成 14 年　15 年間の歴史をまとめ、陶龍寺にて紙芝居を始める

海上の森奇譚 3　聖徳太子と尾張・日本の知られざる姿

2015 年 11 月 27 日　初版発行

著　　者　山田　みち江

発 行 者　高橋　秀和
発 行 所　今日《こんにち》の話《わ》題社《だいしゃ》
東京都品川区平塚 2-1-16 KK ビル 5F
TEL 03-3782-5231　FAX 03-3785-0882

印刷・製本　ケーコム

ISBN978-4-87565-629-6　C0021